VENTE A PARIS

Le Lundi 14 Octobre 1901.

ANTIQUITÉS

RECUEILLIES EN SYRIE

VERRES, TERRES CUITES

MONNAIES GRECQUES ET ROMAINES

Me Maurice DELESTRE
Commissaire-priseur.

Mme Vve Raymond SERRURE
Paris

MACON, PROTAT FRÈRES, IMPRIMEURS.

CONDITIONS DE LA VENTE

La vente aura lieu au comptant.

Les acquéreurs payeront *dix pour cent* en sus des adjudications.

L'exposition mettant les acheteurs à même de juger de l'état des pièces cataloguées, aucune réclamation ne sera admise aussitôt l'adjudication prononcée, sauf le cas d'erreur matérielle.

Mme Raymond SERRURE se charge, à ses conditions habituelles (5 % sur la limite), des commissions qu'on voudra bien lui confier.

L'ordre du catalogue sera suivi ou non, au gré de l'expert, qui se réserve, en outre, le droit de réunir ou de diviser les lots.

ANTIQUITÉS

RECUEILLIES EN SYRIE

MONNAIES GRECQUES

ET ROMAINES

VENTE AUX ENCHÈRES PUBLIQUES

à Paris, Hôtel des Commissaires-Priseurs, rue Drouot, 9,

SALLE N° 8, AU 1er ÉTAGE

Le Lundi 14 Octobre 1901.

A deux heures précises.

EXPOSITION PUBLIQUE UNE HEURE AVANT CHAQUE VACATION

Commissaire-Priseur :	*Expert :*
Me MAURICE DELESTRE	Mme RAYMOND SERRURE
5, RUE SAINT-GEORGES, 5	19, RUE DES PETITS-CHAMPS, 19

PARIS

ANTIQUITÉS

RECUEILLIES EN SYRIE

VERRES

1 Flacon piriforme ; irisation violette. Haut. 150 mm.
2 Bol à pied ; pâte et irisation vertes. Diam. 85 mm.
3 Petit flacon forme gourde, — un autre, forme chandelier, — et un petit vase ; jolie irisation bleue. — 3 p.
4 Bouteille pâte verte, panse à moulures torses, goulot élancé. Haut. 150 mm.
5 Flacon forme amphorisque ; irisation bleue. Haut. 120 mm.
6 Fiole en pâte épaisse ; magnifique irisation émeraude. Haut. 155 mm.
7 Flacon forme chandelier, — et un autre, piriforme ; irisation bleue. — 2 p.
8 Vase à deux anses coudées, pâte verte, col évasé, panse pomiforme ; légère irisation. Haut. 100 mm.
9 Ampoule à large col, panse à dépressions, pâte verdâtre. Haut. 80 mm.
10 Flacon piriforme, pâte épaisse ; très belle irisation émeraude. Haut. 120 mm.
11 Bouteille pomiforme, col élancé orné d'un feston, pâte bleue. Haut. 125 mm.
12 Œnochoé panse cylindrique cannelée, col évasé, irisation bleu pâle. Haut. 145 mm.
13 Petit flacon col évasé ; très jolie irisation mauve. Haut. 90 mm.

14 Œnochoé panse pomiforme et cannelée, anse et filet pâte bleue; irisation argentée. Haut. 115 mm.

15 Vase pomiforme, large col évasé, pâte verte; ornements en saillie sur la panse. Haut. 135 mm.

16 Joli petit vase, panse à dépressions, goulot évasé, jolie irisation lactée. Haut. 65 mm.

17 Petite œnochoé, anse et filets pâte verte. Haut. 80 mm.

18 Une petite ampoule et deux petits flacons; très belle irisation métallique et violette. — 3 p.

19 Semblable au n° 15.

20 Flacon forme gourde, deux anses pâte bleue, panse ornée de cannelures torses; irisation. Haut. 125 mm.

21 Flacon pâte brune, panse grappe de raisins; irisation, (le goulot est restauré). Haut. 130 mm.

22 Œnochoé pâte épaisse, anse coudée, col évasé, côtes en relief sur la panse. Haut. 85 mm.

23 Deux petits flacons piriformes; jolie irisation violette.

24 Vase à deux anses, filets au col, goulot évasé; irisation. Haut. 110 mm.

25 Trois petits vases pâte épaisse; belle irisation métallique.

26 Petite coupe à large rebord; irisation bleue. Diam. 85 mm.

27 Flacons jumeaux, pâte verte, deux anses pâte brune. Haut. 90 mm.

28 Flacon forme chandelier; superbe irisation multicolore. Haut. 190 mm.

29 Flacon pâte jaune, forme gourde, anse bleue, filets en zigzags sur la panse. Haut. 130 mm.

30 Vase panse cannelée et bouteille pomiforme. Très jolie irisation. — 2 p., l'une restaurée.

31 Jolie œnochoé à dépressions, anse et filets au col, pâte bleue; irisation argentée. Haut. 130 mm.

32 Bol et flacon cylindrique irisés. — 2 p.

33 Flacons jumeaux enroulés de filets et ornés de deux anses; légère irisation. Haut. 100 mm.

34 Deux vases à large encolure, l'un à panse cannelée; irisation. Haut. 140 mm.

35 Balsamaire pâte verte à deux anses, enroulé de filets; légère irisation. Haut. 125 mm.

36 Vase piriforme, col évasé; très jolie irisation multicolore. Haut. 190 mm.

37 Œnochoé pâte verte, anse coudée, filets sur la panse ; irisation (Restaurée). Haut. 100 mm.

38 Vase à deux anses latérales et à anse supérieure, panse ornée de filets. Haut. 140 mm.

39 Ampoule à dépressions, col évasé ; belle irisation. Haut. 100 mm.

40 Vase pomiforme orné de saillies, — et deux flacons forme fuseau. — 3 p.

41 Œnochoé panse cannelée, anse et filets au col; irisation. Haut. 125 mm.

42 Grand flacon cylindrique à large col, pâte verte, anse large et cannelée; irisation métallique. Haut. 240 mm.

43 Flacons jumeaux, pâte brune, filets verts. Haut. 150 mm.

44 Flacon panse cubique, large goulot; irisation bleue. Haut. 95 mm.

45 Gobelet irisé. Haut. 95 mm.

46 Ampoule à large col ; très belle irisation arc-en-ciel. Haut. 70 mm.

47 Jolie œnochoé à col évasé, orné d'un filet; belle irisation. Haut. 170 mm.

48 Flacon pomiforme et flacon forme chandelier; belle irisation. — 2 p.

49 Très jolie œnochoé pâte incolore, à deux anses superposées, pâte bleue ; le col est entouré d'une série de petites anses qui s'appuient sur la panse du vase ; irisation bleue, superbe patine argentée. Haut. 120 mm.

50 Ampoule pâte rouge, col évasé ; irisation. Haut. 70 mm.

51 Gobelet à pied, irisé. Haut. 80 mm.

52 Flacon piriforme à très mince goulot ; belle irisation violette. Haut. 130 mm.

53 Deux petits flacons forme chandelier; très belle irisation métallique et bleue.

54 Œnochoé panse pomiforme pâte jaune, col évasé, filets ; magnifique irisation dorée. Haut. 120 mm.

55 Gobelet et flacon à irisation granuleuse verte. — 2 p.

56 Petite ampoule pâte rouge. Haut. 60 mm.

57 Petit vase à pied, à deux anses, col très évasé orné de filets; magnifique irisation bleu et argent. Haut. 80 mm.

58 Flacon à pied forme élancée, à deux anses pâte bleue, prolongées en festons le long de la panse; double rebord autour de l'orifice, filet au col; belle irisation argentée. Haut. 180 mm.

59 Jolie petite œnochoé à goulot trilobé; irisation. Haut. 85 mm.

60 Petit flacon amphorisque à deux anses: irisation verte. Haut. 90 mm.

61 Petit flacon pomiforme, pâte bleu foncé, enroulé de filets blancs. Haut. 70 mm.

62 Vase pomiforme, pâte verte, à quatre anses coudées; légère irisation. Haut. 75 mm.

63 Ampoule pâte verdâtre, festons reliant le bord du col à la panse; légère irisation bleue. Haut. 80 mm.

64 Amphorisque pâte incolore, anses vertes, filets au col, panse à dépressions symétriques; très belle irisation nacrée. Haut. 140 mm.

65 Œnochoé, anse pâte verte, filets au col; irisation argentée. Haut. 90 mm.

66 Balsamaire pâte bleuâtre, la panse ornée de deux cordons en spirale; belle irisation. Haut. 120 mm.

67 Flacons jumeaux en pâte verdâtre, à deux anses latérales prolongées en festons, et munis d'une baguette en bronze; très belle irisation verte, patine argentée. Haut. 105 mm.

68 Œnochoé pâte verdâtre, goulot trilobé, panse cannelée, légère irisation. Haut. 120 mm.

69 Trois petits flacons bien irisés.

70 Petite fiole de forme cylindrique s'évasant vers la base, pâte violette semi-opaque; ornée de deux petites anses pâte verte. Haut. 100 mm.

71 Flacon formé de trois tubulures en pâte verdâtre, filets au col et sur la panse; irisation bleue. Haut. 95 mm.

72 Jolie œnochoé forme élancée, fine anse coudée, anneau au col; belle irisation bleue. Haut. 130 mm.

73 Une coupe à pied irisée, et une autre pâte verdâtre. 2 p.

74 Un bol irisé, — et une coupe à pied. — 2 p.

75 Un bol à pied, belle irisation bleue, — et une œnochoé, panse cannelée. — 2 p.

76 Une bouteille panse piriforme, pâte verte irisée, panse cannelée en torsade. Haut. 115 mm.

77 Flacon forme gourde, à deux anses coudées, filets autour du col et sur la panse ; irisation. Haut. 115 mm.

78 Gobelet orné de cercles gravés ; magnifique irisation argentée. Haut. 85 mm.

79 Flacon pâte bleuâtre en forme de fuseau ; la panse est ornée de filets et de festons en pâte bleu foncé. Long. 290 mm.

80 Flacon cylindrique pâte rouge, col évasé ; irisation. Haut. 100 mm.

81 Œnochoé byzantine, panse hexagonale à moulures ; anneau et anse pâte bleue ; belle irisation. (Le bec manque.) Haut. 190 mm.

82 Joli vase, panse pomiforme, large goulot orné de filets bleus ; deux anses fines et très arquées partent de l'orifice et viennent s'appuyer sur la panse qui est ornée de filets et festons pâte bleue. Haut. 85 mm.

83 Œnochoé à dépressions ; irisation nacrée. Haut. 145 mm.

84 Flacon pâte jaune, formé de deux masques imberbes accolés ; irisation bleutée. Haut. 90 mm.

85 Flacon pâte verdâtre, panse grappe de raisins ; irisation. Haut. 145 mm.

86 Vase byzantin, panse hexagonale à moulures ; un feston circulaire pâte verte part de l'orifice et repose sur la panse ; irisation. Haut. 80 mm.

87 Vase pomiforme orné de filets ; le goulot est orné d'un grand feston en pâte verte ; irisation (Restauré). Haut. 105 mm.

88 Récipient formé de trois flacons tubulaires réunis en faisceau, deux petites anses ; irisation. Haut. 110 mm.

89 Poids formé d'une tige de verre torsadé ; belle irisation verte. Long. 140 mm.

90 Un autre, pâte de verre verte ; irisation nacrée. Long. 80 mm.

91 Huit poids en forme de losanges, pâte de verre opaque bleue, verte, jaune ; irisation. Long. 50 mm.

92 Œnochoé à dépressions, anse pâte verte ; irisation. Haut. 145 mm.

93 Ampoule à deux anses, double rebord à l'orifice ; magnifique irisation émeraude et argent. Haut. 170 mm.

94 Balsamaire, cannelé en torsade, deux anses pâte bleue, irisation verte. Haut. 135 mm.

95 Gobelet à pied orné de cercles; irisation. Haut. 110 mm.

96 Bouteille pomiforme, col élancé; irisation nacrée. Haut. 155 mm.

97 Deux petits vases et une petite bouteille, très bien irisés. 3 p.

98 Flacon pâte incolore, panse sphérique, orné de deux anses coudées et de filets au col; irisation argentée. Haut. 115 mm.

99 Flacon cylindrique, rebord à l'orifice; irisation bleue. Haut. 115 mm.

100 Œnochoé pâte rougeâtre, panse pomiforme, anse coudée; belle irisation rouge (Restaurée). Haut. 110 mm.

101 Ampoule à panse pomiforme couverte de moulures en réseau; très belle irisation bleu et argent. Haut. 90 mm.

102 Vase à pied, orné de deux anses latérales coudées et d'une grande anse supérieure pâte verte, panse ornée de filets; irisation argentée. Haut. 150 mm.

103 Flacons jumeaux enroulés de filets et festons bleus, deux anses latérales et une anse supérieure, pâte verte; irisation. Haut. 155 mm.

104 Œnochoé panse pomiforme à dépressions, anse pâte verte; irisation arc-en-ciel. Haut. 110 mm.

105 Flacon cylindrique à cannelures, large goulot muni d'un bec; belle irisation nacrée. Haut. 100 mm.

106 Flacon en forme de buire, pâte verte, anse coudée, goulot trilobé orné de filets, panse à dépressions. Haut. 150 mm.

107 Joli flacon forme buire, pâte verte, goulot évasé orné de filets, anse pâte bleue, panse côtelée; irisation. Haut. 125 mm.

108 Amphorisque pâte brune, deux anses coudées pâte verte, à dépressions; irisation rougeâtre. Haut. 140 mm.

109 Vase pâte verte, à deux anses coudées, orifice à double rebord. Haut. 70 mm.

110 Bouteille panse cannelée en torsades, goulot évasé; irisation. Haut. 105 mm.

111 Œnochoé panse cannelée, anse pâte bleue. Haut. 125 mm.

112 Balsamaire à deux anses; irisation nacrée. Haut. 105 mm.

113 Bouteille panse cylindrique, cannelée; irisation nacrée (le goulot manque). Haut. 115 mm.

114 Vase pomiforme, goulot évasé, orné de filets bleus ; irisation. Haut. 110 mm.

115 Bouteille panse pomiforme, filets bleus au col ; irisation argentée. Haut. 100 mm.

116 Bouteille panse pomiforme, à long goulot ; jolie irisation bleue. Haut. 130 mm.

116 *bis*. Sous ce n° seront vendus des objets arrivés trop tard pour être catalogués.

DIVERS

117 Vase en forme d'*alabaster*, terre émaillée ; légère irisation. Haut. 140 mm.

118 Cinq petites têtes en terre cuite.

119 Vase terre cuite, en forme de figurine grotesque tenant une outre. Haut. 105 mm.

120 Deux poids, terre cuite, figures, trous de suspension. Haut. 60 mm.

121 Un lot de vases, terre cuite : coupes, œnochoés, aryballes. — 10 p.

122 Deux lécythes et une coupe à deux anses, ornés de sujets et dessins. — 3 p.

123 Lot de lampes, terre cuite, ornées de sujets ou dessins. — 12 p. à diviser.

MONNAIES GRECQUES

124 **Romano-campaniennes.** Tête imberbe de Janus. ℞. ROMA en creux. Double denier argent. TB.

125 **Calabre.** *Tarente.* Cavalier à dr. ΙΩ ΣΑΛΩ ; chapiteau ionique. ℞. Taras sur le dauphin. Didr. Arg. B.

126 **Lucanie.** *Métaponte.* Tête barbue et casquée. ℞. META. Épi. Didr. arg. B.

127 — *Thurium.* Tête de Minerve à dr. ℞. ΘΟΥΡΙΩΝ. Taureau à dr. ; à l'exergue un thon. Statère d'arg. B.

128 — *Vélia.* Tête de Pallas. ℞. ΥΕΛΗΤΩΝ. Lion à g. Didr. arg. TB.

129 **Bruttium.** *Brettii.* Buste ailé de la Victoire. ℞. ΒΡΕΤΤΙΩΝ. Dionysos debout, tenant une haste. Didr. arg. TB.

130 **Sicile.** *Léontini.* Tête d'Apollon. ℞. Tête de lion entre quatre grains de blé. Tétradr. arg.

131 **Thrace.** *Maronée.* Tête de Dionysos couronné de lierre. ℞. ΔΙΟΝΥΣΟΥ ΣΟΤΗΡΟΣ ΜΑΡΩΝΙΤΩΝ. Bacchus debout à g. Tétradr. arg. B.

132 — *Thasos.* Bacchus jeune couronné de lierre. ℞. ΗΡΑΚΛΕΟΥΣ ΣΩΤΗΡΟΣ ΘΑΣΙΩΝ. Hercule debout. Tétradr. arg. B.

133 — *Lysimaque, roi de Thrace.* Tête d'Alexandre le Grand, cornue et diadémée. ℞. Pallas assise à g. Tétradr. arg. TB.

134 **Macédoine.** *Alexandre III le Grand.* Tétradr. arg. TB.

135 — *Philippe III Aridée.* Tête d'Hercule jeune. ℞. ΦΙΛΙΠΠΟΥ ΒΑΣΙΛΕΩΣ. Tétradr. d'arg. B.

136 — *Demetrius I Poliorcète.* Sa tête cornue et diadémée à dr. ℞. ΒΑΣΙΛΕΩΣ ΔΗΜΗΤΡΙΟΥ. Neptune debout à g. Tétradr. arg. B.

137 — *Antigone Gonatas.* Tête de Pan à g., dans un bouclier macédonien. ℞. ΒΑΣΙΛΕΩΣ ΑΝΤΙΓΟΝΟΥ. Pallas armée à g. Tétradr. arg. TB.

138 **Acarnanie.** *Anactorium.* Tête de Pallas à g. ℞. Pégase. ΑΝΑ en monogr. Didr. arg. B.

139 **Béotie.** *Thèbes.* Bouclier. ℞. ΘΕ. Hercule étouffant les serpents. Statère arg. *Rare.*

140 **Attique.** *Athènes.* Tête de Minerve. ℞. ΑΘΕ. Chouette dans un carré creux. Tétradr. arg.

141 — Tête de Minerve, casque orné d'un griffon. ℞. ΑΘΕ et nom de magistrat; chouette sur une amphore. Tétradr. arg. Beau style. B.

142 **Bythinie.** *Prusias II.* Sa tête diadémée à dr. ℞. ΒΑΣΙΛΕΩΣ ΠΡΟΥΣΙΟΥ. Jupiter debout tenant une couronne et un sceptre; dans le champ, aigle sur un foudre. Tétradr. arg. TB. *Rare.*

143 — *Nicomède II.* Sa tête diadémée. ℞. ΒΑΣΙΛΕΩΣ

ΕΠΙΦΑΝΟΥΣ ΝΙΚΟΜΗΔΟΥ. Jupiter debout à g., dans le champ aigle sur un foudre. Tétradr. arg., grand flan. TB.

144 — *Antinoüs*. Médaillon bronze fr. à Bithynium. **ΑΝΤΙΝΟΟΝ ΘΕΟΝ Η ΠΑΤΡΙϹ**. Son buste à dr. ℞. **ΑΔΡΙΑΝΩΝ ΒΕΙΘΥΝΙΕΩΝ**. Antinoüs debout à g., conduisant un bœuf. *Rare*. B.

145 **Mysie**. *Philétaire, roi de Pergame*. Sa tête diadémée à dr. ℞. **ΦΙΛΕΤΑΙΡΟΥ**. Pallas assise à g., tenant un bouclier. Tétradr. arg. Belle conservation.

146 **Aeolis**. *Myrrhina*. Tête laurée d'Apollon. ℞. **ΜΥΡΙΝΑΙΩΝ**. Apollon tenant une branche de laurier. Tétradr. arg. TB. (Défaut de frappe.)

147 **Carie**. *Rhodes*. Tête d'Hélios de face. ℞. **ΡΟ...ΑΙΝΗΤΩΡ**. Fleur de balaustium. Drachme arg. B.

148 — Tête radiée d'Hélios, de profil. ℞. **ΡΟ...ΑΡΤΕΜΩΝ**. Fleur dans un carré creux. Drachme arg. B.

148 *bis*. **Cilicie**. *Seleucus, satrape de Babylone*. Baaltars assis à g. ℞. Lion passant, au-dessus ancre couchée. Tétradr. arg. T. B.

149 **Cappadoce**. *Ariarathes V*. Tête du roi. ℞. **ΒΑΣΙΛΕΩΣ ΑΡΙΑΡΑΘΟΥ ΦΙΛΟΜΗΤΟΡΟΣ**. Pallas Nicéphore. Drachme arg. B.

150 **Syrie**. *Seleucus IV*. Tête du roi. ℞. **ΒΑΣΙΛΕΩΣ ΣΕΛΕΥΚΟΥ**. Apollon assis à g. sur l'omphalos, à l'exergue **ΔΙ**. Tétradr. arg. B.

151 — *Antiochus VII Evergète*. Tête du roi. ℞. **ΒΑΣΙΛΕΩΣ ΑΝΤΙΟΧΟΥ ΕΥΕΡΓΕΤΟΥ**. Victoire à g. Drachme arg. B.

152 — *Demetrius II Nicator (Ier règne)*. Sa tête imberbe. ℞. **ΒΑΣΙΛΕΩΣ ΔΗΜΗΤΡΙΟΥ**. Aigle à g. Didr. arg. TB.

153 — *Antiochus VIII Grypus*. Tête du roi. ℞. **ΒΑΣΙΛΕΩΣ ΑΝΤΙΟΧΟΥ ΕΠΙΦΑΝΟΥ**. Apollon debout, la tête surmontée d'un croissant. Tétradr. arg. TB.

154 — Tête du roi. ℞. Tombeau de Sardanapale, monogramme. Tétradr. arg. TB. et *Rare*.

155 **Phénicie**. *Tyr*. Tête de l'Hercule tyrien. ℞. **ΤΥΡΟΥ ΙΕΡΑΣ ΚΑΙ ΑΣΥΛΟΥ**. Aigle et monogramme. Tétradr. arg. B.

156 **Parthie**. *Vologèse IV*. Son buste coiffé de la tiare. ℞. Le roi assis à g., reçoit une couronne des mains de Tyché. Tétradr. arg. B.

157 **Égypte**. *Ptolémée II Philadelphe*. Sa tête à dr. ℞. ΠΤΟ-ΛΕΜΑΙΟΥ ΒΑΣΙΛΕΩΣ. Aigle à g. ; dans le champ ⊥ΚΓ ΠΑ. Tétradr. arg. B.

158 Petit lot de monnaies grecques de bronze, bien conservées. — 20 p.

159 Un autre lot de 40 p.

MONNAIES ROMAINES

160 **République** [1]. Antia (1)
161 — Calpurnia (24).
162 — Fabia (14).
163 — Fonteia (9).
164 — Fufia (1).
165 — Hostilia (2).
166 — Julia (9).
167 — Livineia (12).
168 — Marcia (42).
169 — Petillia (3).
170 — Pinaria (1).
171 — Plancia.
172 - Procilia (2).
173 — Rustia (3).
174 — Satriena (1).
175 — Saufeia (1).
176 — Servilia (15).
177 — Sempronia (2).
178 — Sicinia (5).
Toutes ces pièces, d'argent, sont de *très belle* conservation.

179 **Empire** [2]. *Marc-Antoine et Octave* (8). TB.
180 — *Auguste* (294). TB.

1. Les numéros reportent à l'ouvrage de Babelon.
2. Les numéros reportent à l'ouvrage de Cohen.

181 — *Antonia* (4). B.
182 — *Vespasien* (618). TB.
183 — *Domitien* (287). TB.
184 — *Trajan* (577). TB.
185 — *Adrien* (1173). B.
186 — *Antonin* (917 variété). TB.
187 — *Faustine mère* (159). TB.
188 — *Faustine jeune* (35). B.
189 — *Julia Domna* (123). B.
190 — *Septime-Sévère* (58). TB.
Toutes ces pièces sont en argent.

191 Un grand lot de deniers d'arg. de l'époque de *Septime-Sévère* à *Postume*. A diviser.

192 Lot de grands, moyens et petits bronzes, à diviser.

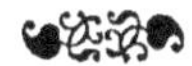

MACON, PROTAT FRÈRES, IMPRIMEURS.

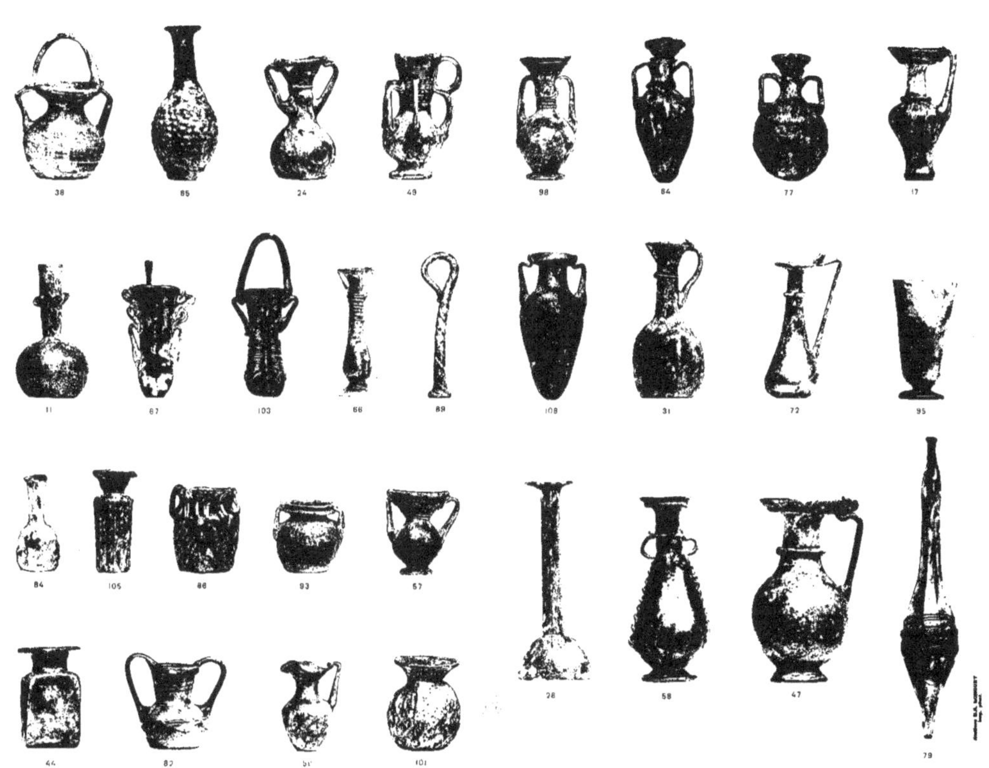

38
85
24
49
98
84
77
17
11
67
103
66
89
108
31
72
95
84
105
86
93
57
28
58
47
79
44
82
51
101

ARTHUR ENGEL & RAYMOND SERRURE

TRAITÉ DE NUMISMATIQUE

DU MOYEN AGE

TOME PREMIER : *Depuis la chute de l'Empire romain d'Occident jusqu'à la fin de l'époque carolingienne.*

645 illustrations dans le texte.

TOME DEUXIÈME : *Depuis l'avènement des Capétiens en France, et de la maison de Saxe en Allemagne, jusqu'à l'apparition du gros d'argent.*

PRIX DE CHAQUE VOLUME : **15** FRANCS

TRAITÉ DE NUMISMATIQUE

MODERNE ET CONTEMPORAINE

PREMIÈRE PARTIE : ÉPOQUE MODERNE

Prix : 20 francs.

DEUXIÈME PARTIE : ÉPOQUE CONTEMPORAINE

Prix : 10 francs.

www.ingramcontent.com/pod-product-compliance
Lightning Source LLC
LaVergne TN
LVHW010253230826
846091LV00007B/2942

9782329516066